AF263924

E. H. VALARAY

LA
SITUATION RÉPUBLICAINE

EN 1879

DE LA NÉCESSITÉ D'UN PARTI NATIONAL

Prix : 1 franc

PARIS

LIBRAIRIE GÉNÉRALE

DÉPOT CENTRAL DES ÉDITEURS

72, BOULEVARD HAUSSMANN ET RUE DU HAVRE.

1879

LA

SITUATION RÉPUBLICAINE

en 1879

AVERTISSEMENT

Le travail succinct que nous publions en ce moment, et que nous signalons en passant comme une esquisse, ou bien une préface des deux ouvrages qui le suivront un peu plus tard, a été composé dans le but essentiel de faciliter un rapprochement entre des adversaires que leur position de combat séparait hier, mais qui doivent éprouver le désir et le besoin, nous ne dirons pas devant la tournure alarmante, mais simplement devant la marche précipitée des choses, de s'entendre pour agir autant qu'il sera possible en commun.

On sait que, dans la vie privée, nombre d'affaires ne pourraient se traiter ou se conclure, sans le concours d'amis communs dont la mission consiste à mettre en relation ceux qui d'eux-mêmes auraient hésité à faire les premiers pas l'un vers l'autre, mais qui s'estiment ensuite heureux d'avoir eu l'occasion de se connaître et de se réunir.

C'est surtout lorsque des hommes, sans avoir eu grande liaison, se sont séparés par motif de dissentiments, qu'une intervention officieuse est nécessaire, autant pour examiner la raison d'être de ces dissentiments, que pour établir la balance entre les torts qui se sont produits des deux parts, et réclamer un mutuel oubli.

Et lorsque les intéressés comprennent ou sentent la nécessité de s'inspirer plutôt de la raison que de la passion, l'oubli vient et demeure : l'union obtenue amène alors les résultats désirables.

Dans la situation politique actuelle, nous trouvons un cas de ce genre. Le Parlement ne peut guère songer à quelque union nouvelle de groupes, profondément séparés hier, si le conseil ne lui en est pas donné par la presse conservatrice. Mais les journaux de cette presse, à leur tour éloignés l'un de l'autre pour une raison semblable, éprouvent quelque embarras à se grouper euxmêmes dans ce but.

Il faut donc que le conseil leur en vienne, en ce qui les touche, de publicistes qui ne relèvent pas de leurs rédactions, et qui les invitent au sacrifice de leurs dissentiments ou ressentiments, alors qu'il s'agit des intérêts supérieurs de la France.

Nous espérons d'ailleurs que notre voix ne sera pas la seule, que de plus autorisées se feront entendre à leur tour, et redonneront le conseil que nous adressons ici.

Depuis que l'extension de la presse quotidienne fournit à l'esprit public de nombreux articles de journaux, dont la facture en général est remarquable, bien qu'ils soient jetés sur le papier presque au courant de la plume, la brochure politique a perdu sensiblement de sa valeur d'autrefois. C'est donc une forme de littérature assez démodée, mais non pas discréditée. Rien par conséquent n'empêche de la reprendre, dès qu'il s'y trouve un à propos. Elle a de plus cet avantage qu'elle donne à la réflexion le temps de se former, avant de se manifester en page écrite.

LA SITUATION RÉPUBLICAINE

en 1879

> An, quum videam navem secundis venti
> cursum tenentem suum, si non eum petat
> portum, quem ego aliquando probavi, sed
> alium non minus tutum atque tranquillum :
> cum tempestate pugnem periculose potius,
> quam illi, salute præsertim proposita, ob-
> temperem et paream ?

Le 25 février 1875, à la plus faible des majorités, l'Assemblée nationale élue le 8 février 1871, votait une Constitution où le nom de la République ne se trouvait énoncé
qu'une seule fois.

C'était peu de chose en apparence, et bien assurément
le moins que l'on pût faire. Mais ce vote a été l'origine de
la situation que nous avons devant nous; ce peu de chose
était semblable au petit germe, d'où l'on voit insensiblement s'élever, grandir et se développer un chêne au tronc
superbe et aux puissants rameaux.

Ce résultat, si mince, que beaucoup le considéraient
comme dérisoire, était pourtant considérable, si l'on con-
sidère attentivement et impartialement à la suite de quelles
circonstances il était obtenu, et dans quelles conditions for-
cées il se produisait.

Qui niera tout d'abord que cette Assemblée nationale,

du sein de laquelle on entendit à sa réunion partir les cris
de : Vive le roi! et dont la majorité monarchique était
associée de cœur à ces cris, mais qui devait pourtant se
séparer sur une Constitution où le nom de République se
trouvait indiqué; qui contestera que cette Assemblée, su-
bissant à son insu la loi d'une évolution lente, mais d'autant plus sûre, n'ait accompli le plus pénible effort et
consommé le plus entier sacrifice que l'on fût en droit
d'attendre et de réclamer d'elle?

Quand elle a été appelée à siéger, quand elle a tenu sa
première séance à Bordeaux, les hommes qui la compo-
saient, monarchistes pour la plupart, semblaient n'avoir
été convoqués que pour délibérer en présence des deuils et
sur les ruines de la patrie. Par une usurpation de rare
audace, une dictature présomptueuse avait confisqué le
Pouvoir et supprimé la représentation nationale, au jour
même où jamais pays n'eut besoin davantage de la présence de ses mandataires. Il arriva fatalement, qu'après
avoir pris le pouvoir sur la France abattue, cette dictature
eut à le résigner sur la France écrasée.

Témoins donc des désastres que venait d'accumuler un
pouvoir personnel se couvrant du nom de la République;
éloignés des affaires pendant la durée de l'Empire, et par
aversion pour son origine, et par mépris des moyens qu'ils
lui voyaient mettre en œuvre; imbus de l'idée monarchique, pleins de confiance en sa force et d'espoir dans son
avenir, les membres royalistes de l'Assemblée, envoyés
de tous les côtés de la France, se trouvaient réunis à Bordeaux, la souveraineté nationale en mains, et possédant
tous les droits et tous les pouvoirs.

Il était donc légal qu'ils en fissent, ou du moins qu'ils
tentassent d'en faire usage; légitime que leur douleur,
leur sentiment, leur espérance, leur inspirât l'idée d'un
rétablissement immédiat ou futur de la Royauté.

Et cependant, malgré cette douleur devant le désastre accompli sous la République; malgré ce sentiment de mépris et d'aversion pour les procédés de l'Empire; malgré leur espoir dans la monarchie future, et leur amour du prince qu'ils destinaient à la rétablir, les hommes de l'Assemblée nationale ont eu cette humiliation de voir le but leur échapper alors qu'ils croyaient l'atteindre; ils ont connu cette amertume, alors qu'ils le voulaient et qu'ils le pouvaient presque, de ne pouvoir enfin réaliser ce qui avait été le rêve ardemment caressé de leur vie entière.

Remplis toutefois d'une incurable défiance envers cette institution de la République, imposée à leurs sentiments par la force des choses; se rappelant que le suffrage universel était capable (il ne l'avait que trop prouvé par ses complaisances pour l'Empire) de commettre d'énormes fautes, les membres de cette Assemblée résolurent d'opposer un obstacle parfaitement légal à l'établissement prématuré du Régime républicain, et de soustraire, dans la mesure du possible, le suffrage universel aux chances fatales qui pouvaient résulter de ses propres erreurs.

De là l'établissement d'une Chambre haute, ou d'un Sénat devant échapper, par un mode inappliqué jusque-là de recrutement, tant au devoir d'obéir à la reconnaissance envers le Pouvoir exécutif, qu'à la nécessité de se soumettre au mandat, toujours plus ou moins impératif, imposé par le suffrage populaire. Il fut, par conséquent, décidé que ce Sénat se recruterait partie de lui-même, partie au moyen d'un renouvellement au tiers, dû au suffrage du deuxième degré.

Pour éviter ensuite le conflit, toujours dangereux entre un chef du Pouvoir choisi par la nation et un corps délibérant choisi de même, on établit que ce chef serait nommé par le vote réuni des deux Chambres. Ainsi était faite la part des élans spontanés de la nation, et la part d'une réflexion réservée à sa partie d'élite.

Cette conception, que beaucoup se sont plu à critiquer, qui ne l'ont pas comprise, et que l'on a dépréciée comme insolite, bizarre, ou comme un piège imaginé par des gouvernants aux abois, doit être rangée au contraire parmi les spéculations politiques les plus hautes.

Dans un pays, qui a inauguré le premier ordre républicain par l'échafaud révolutionnaire, et le second par la menace de quelque régime analogue; que deux Empires ont laissé de leur côté sous le coup de deux invasions, il était non-seulement nécessaire, mais tout à fait indispensable, que des précautions fussent prises contre l'avenir. Il ne fallait pas que la nation se trouvât livrée absolument à l'inconnu, parce qu'elle ne possède encore aucune science ou éducation politique, et que néanmoins, la tendance générale des esprits l'incline vers des régimes, dont l'un a laissé des souvenirs d'horreur, et dont l'autre ne mérite plus guère que mépris. Nous disons que les hommes qui ont conçu le contre-poids d'un Sénat, dû à l'élection spontanée ainsi qu'à celle du vote au second degré, ont rendu à leur pays le plus signalé service.

Cependant, c'est par un côté des plus fâcheux, et de nature à tuer le Sénat, que cette conception si sage a été connue d'abord. On l'a vue engendrer un fait, qui a d'abord surpris tout le monde, qui a froissé en particulier, irrité tout le parti républicain, et auquel tout ce parti, sans distinction de nuance, a dû s'opposer avec un complet ensemble d'efforts.

La Chambre élue par le suffrage spécial, se prêtant complaisamment à un acte que son devoir était bien plutôt d'empêcher, a dissous la Chambre élue par le suffrage direct. Que si elle avait ses motifs pour n'en être pas satisfaite, le bon sens indiquait que cette Chambre, réunie depuis peu de temps, ne pouvait pas avoir lassé déjà ses électeurs.

L'expérience a d'ailleurs démontré que les procès de tendance ne sont pas de nature à réussir, et qu'un chef d'État témoigne à la fois d'un défaut complet de sagacité et de perspicacité, quand il prétend dissoudre une représentation du pays, en crainte de ses agissements futurs. Procéder ainsi, c'est préjuger la question, sans songer à l'opinion générale. A ce point de vue, comme d'ailleurs à bien d'autres, l'acte du 16 mai constitue l'une des fautes les plus lourdes que notre histoire politique ait à enregistrer.

De là cependant à se tenir en droit de le proclamer un acte absolument criminel, une trahison envers le pays, il y a loin et très loin. Trois millions d'électeurs l'ayant en somme appuyé de leur vote, il y aurait logiquement trois millions de Français amis du crime et partisans de la trahison. La sûreté publique exigerait évidemment que ces innombrables malfaiteurs fussent surveillés de plus près, ce qui nécessiterait, sous notre régime tutélaire, une augmentation prodigieuse du personnel de la gendarmerie. On voit la conséquence de toutes ces appréciations passionnées.

Il est donc permis de considérer le petit morceau de littérature parlementaire étalé sur toutes les murailles de France, comme une complaisance envers cette partie de la masse, toujours plus surexcitée que de sens rassis, et non comme une saine appréciation des événements qui suivirent le 16 Mai. Sans préjuger l'opinion de l'histoire, il est à croire qu'elle verra, dans cet ordre du jour, une pièce curieuse à citer plus qu'un jugement à ratifier. Disons qu'elle en fera de même à l'égard du fameux *Bulletin des Communes* : ces deux placards se valent, et forment l'exacte monnaie l'un de l'autre. Il n'y a là que satisfactions accordées de part et d'autre à l'échauffement des cervelles.

Après une dissolution que rien ne justifiait sérieusement, ce qui devait arriver se produisit. Malgré l'invite pressante et l'effort déployé, le corps électoral ne se démentit pas. Il renvoya siéger la Chambre inopinément dissoute, et, comme dans l'ordre politique ainsi que dans l'ordre moral, il n'est guère de faute qui ne soit suivie d'expiation proportionnelle, on a vu ces temps derniers le Sénat, pour avoir usé mal à propos de son droit essentiel, expier ce tort, par la perte d'une partie de ses membres réputés les plus conservateurs.

La conséquence qui néanmoins s'indique, et qu'il est bon de signaler en prévision de l'avenir, c'est que l'institution de la Chambre haute, attaquée d'abord et controversée, est absolument nécessaire à la balance politique, et que son existence est le plus sûr préservatif contre des excès possibles. Que serait-il en effet arrivé, si le conflit entre l'Exécutif et la seconde Chambre n'avait pu se poser ou se terminer par des voies légales.: la première fois, par un vote approbatif de l'agissement du chef de l'État; la seconde, par le refus d'émettre un vote de même genre.

Quoi qu'il en soit, la première des réélections sénatoriales engendre une situation nouvelle, au point de vue de ces idées de réserve à l'égard de l'avenir, que nous avons signalées chez les hommes de l'ancienne Assemblée nationale. Elle est nouvelle également pour ce nombre de républicains qui ne croit pas tout conquis et tout terminé, par l'existence de deux Chambres enfin d'accord sur le principe même du gouvernement. Nous allons essayer de prévoir la conduite à tenir par ceux qui se sont montré les adversaires, et celle que devront adopter les partisans modérés du régime existant.

Étant donné un pays qui veut établir son gouvernement
sur les décisions du suffrage universel, le plus important
des partis apparaîtrait d'abord celui qui a le plus avanta-
geusement et le plus longtemps profité de ces décisions.
C'est mentionner le parti bonapartiste. Mais nous n'avons
pas à nous en occuper longuement.

Nous qui écrivons ici, nous n'avons été jamais avec lui.
Nous tenons d'ailleurs que le suffrage universel, avec ou sans
coup d'État, commet un non-sens absolu, équivalent presque
au suicide politique, alors qu'il choisit un souverain héréditaire. Monarchie pour monarchie, autorité pour autorité, le césarisme impérial est du reste inférieur au droit
divin, à quelque point de vue que l'on se place.

En admettant que le parti bonapartiste n'ait pas perdu
le respect dont il s'est dit si longtemps animé vis-à-vis de la
majesté du suffrage universel et de la soumission due à ses
décisions, s'il est demeuré dans son sein des hommes de
sens ou de bonne foi, ont-ils toujours besoin d'un plébis-
cite, à l'effet de se renseigner sur les sentiments de la
nation à l'égard de leur cause ? Les votes populaires qui
se sont produits depuis huit ans ont singulièrement dimi-
nué l'actif du parti bonapartiste, et la nature des choses
démontre qu'il ne regagnera pas le terrain perdu.

La génération à laquelle on doit le second Empire a
presque entièrement disparu dans la mort ; celle qui s'é-
lève ne le connaît que par les sinistres souvenirs du
2 décembre, et par ces deuils sombres de la patrie qui se
nomment Sedan et Metz. Représenté par un jeune homme
sans grande valeur, par conséquent sans prestige, dont

l'unique titre auprès du pays est de s'appeler le fils de Napoléon III, le parti du césarisme impérial, qui a pris naissance au milieu de merveilles militaires, n'a chance de renaître un jour de ses cendres, que grâce à des merveilles semblables. Il y a grande apparence qu'elles ne se reproduiront pas, au moins sous la conduite ou sous l'impulsion d'un membre de la famille Bonaparte. L'Empire des Napoléon peut donc être envisagé, aux points de vue élevés où nous cherchons à nous placer, comme ayant fait son temps, parce qu'il ne répond plus à aucun idéal.

Nous en dirons presque autant du parti légitimiste, animé par un sentiment dont il ne s'écarte guère. Établi sur le respect de choses traditionnelles, son principe même l'oblige à vivre en dehors de la plupart des tendances de notre époque, à méconnaître l'autorité du fait accompli; par conséquent, l'amène à ne pas répondre aux idées du pays, à ne le satisfaire presque en rien, quel que soit son bon vouloir, que loyalement, on ne peut tenir en doute. Dire qu'il fait en réalité mépris du droit de suffrage, c'est ignorer le passé ou le calomnier de parti pris ; s'imaginer qu'il lui concéderait la prérogative de s'imposer au droit royal, ce serait absolument ne pas le connaître.

Nous sommes avec ceux qui croient, que le plus grand des malheurs qui sont arrivés à la France, a été de voir tomber, non pas certes l'ancien régime, mais la Monarchie qui existait sous l'ancien régime. Ajoutons toutefois qu'elle a dû succomber sous la fatalité de circonstances imprévues pour tous, à l'exception peut-être du seul Mirabeau.

Malheureusement, on n'en saurait dire autant de la monarchie de la Restauration, tombée autant et plus sous la réprobation de la nation française, que sous l'effort du peuple de Paris pendant les trois jours de juillet. La France a jugé que le coup qui porta Charles X à terre, ne fut pas un coup de surprise, parce qu'après les fatales Ordonnances, l'entente n'était plus désormais possible, entre elle et le souverain de la tradition héréditaire.

Cette hérédité d'ailleurs, qui est la meilleure part de sa force, lui fait précisément défaut. La monarchie traditionnelle sera ensevelie un jour et tout entière, avec le noble prince qui la personnifie, dans les plis blancs de son étendard et sous les fleurs immaculées de ses lys. Où se porteront alors ses partisans, dont la plupart sont restés au milieu de nous les types de l'honneur et de la droiture ?

Reste à parler d'un parti, singulièrement actif, habile, et quoi qu'on en prétende, singulièrement conscient de son époque. Il a pour lui des hommes éminents, et par la situation sociale, et par le talent personnel, et par le savoir politique. Malgré les sentiments républicains que nous avons manifestés dans nos écrits divers, et qui nous ont empêché de nous rapprocher d'eux, nous avouons professer à leur égard la plus vive estime.

Ce n'est pas nous qui leur lancerons jamais les appellations de traîtres et d'indignes. Les services rendus à la France, ou par leurs familles ou par eux-mêmes, font d'ailleurs justice, auprès des esprits sensés, de ces paroles violentes qu'ils laissent tomber sans y répondre, et que l'homme d'État qui les leur jette, au milieu d'improvisations plus ou moins étudiées, oublie probablement lui-même, mais qu'une masse, toujours facile à conduire avec des mots, accepte sans contrôle, et retient comme des vérités sorties de la bouche d'un pontife.

Le parti de ces hommes injuriés représente un vif attachement à la monarchie constitutionnelle. Nous admettons d'autant plus ce sentiment, que le principe même de l'opinion républicaine admet la liberté d'en avoir un autre, et que cette liberté entraîne une considération sérieuse, envers ceux qui cherchent à faire triompher leur opinion par des voies légales.

Quelle que soit la valeur, au demeurant non établie, des accusations récemment formulées contre eux, on doit reconnaître au fond, que les partisans de la monarchie constitutionnelle n'en ont jamais recherché d'autre ; qu'ils ont toujours manifesté, pour les coups d'État tramés dans la nuit, la même réprobation que les républicains ; enfin, que leur passage au pouvoir n'a pas été marqué ni suiv par des coups de violence ou des traces de sang.

Leur cause est donc, à tout prendre, aussi bonne à soutenir et à faire triompher que telle ou telle autre. Comme en définitive il ne s'élevait rien pour opposer à son triomphe de barrière infranchissable, on conçoit très bien que, le terrain leur paraissant libre, ceux qn'on nomme les orléanistes aient accompli ces efforts, qui ont fait venir des cheveux blancs à de célèbres orateurs, mais que ces orateurs eux-mêmes les trouveraient bien naïfs de n'avoir pas au moins tenté d'accomplir.

La raison sérieuse qui a empêché la victoire de la monarchie constitutionnelle est la même à laquelle on doit rapporter sa défaite il y a trente ans. Théoriquement, elle ne repose pas sur une acceptation assez large du suffrage universel ; pratiquement, elle ne s'entend pas à se le concilier. C'est peut-être pour ce motif qu'elle aurait tendance à le modifier de telle façon que le caractère essentiel de l'institution en recevrait atteinte. Mais l'accuser, comme on l'a dit et répété, d'en être absolumen ennemie, n'est ni exact, ni sincère. Nous croyons même que le parti constitutionnel, tout en conservant sa défiance envers le suffrage universel, le respecte en réalité bien plus que ne le fait le parti bonapartiste, et que, tout en demeurant peu satisfait de ses décisions, il en reconnaît la validité et juge nécessaire de s'y conformer.

Nous sommes également persuadé que, tout en continuant à préférer quelque autre forme de gouvernement à la forme républicaine, les constitutionnels la tiendront dorénavant, en vertu de l'arrêt de ce suffrage au deuxième degré qui a leurs préférences, pour un état sérieux de choses, avec lequel ils devront compter plus attentivement, plus consciencieusement et plus fréquemment qu'ils ne l'ont fait jusqu'à ce jour.

Que décidera leur parti pour l'avenir, quelle sera l'action nouvelle des hommes politiques qui ont eu jusqu'ici le soin de le diriger, et qui ont manqué, non pas d'esprit de conduite et de sagacité politique, mais seulement d'une action efficace exercée sur l'opinion publique ?

Cet appui leur a manqué, nous indiquons de nouveau ce point, parce que le suffrage universel est le maître de la situation ; qu'il ne favorisera que le parti qui ne récusera pas son verdict, et que nos adversaires n'ont pas voulu tenir compte de ceux qu'il a rendus, du 24 mai 1873 au 20 février 1876 inclusivement. Là où il aurait fallu voir des exhortations sages, des avertissements mesurés, ils ont persisté à considérer qu'il y avait des menaces violentes et funestes ; par un étrange phénomène d'optique politique, ils ont vu le péril social grandir et s'avancer, d'autant plus qu'il diminuait et qu'il s'éloignait.

Ce n'est pas à nous qu'il appartient de leur indiquer aujourd'hui la voie qu'ils auront à suivre. Ils ont déployé les ressources d'un esprit assez fertile, pour que l'on puisse s'en rapporter à cet esprit même, et se dispenser de leur offrir un conseil. C'est à eux seuls que revient le soin de déterminer le sens manifeste, et de dégager l'enseignement des élections du 14 octobre 1877 et du 5 janvier 1879.

II

En même temps que des hommes, cependant esclaves de leurs convictions, semblaient abandonner, en laissant établir une Constitution républicaine, leur ancienne foi monarchique ; en même temps qu'ils se séparaient, au moins temporairement, de cette foi si vive, on voyait s'accomplir, dans un camp tout opposé, un phénomène de même genre.

D'autres hommes, plus expérimentés dans les choses de la politique, et tout aussi sûrs de leurs convictions, accomplissaient de leur côté un pénible sacrifice, en se décidant à voter une Constitution républicaine, d'origine humble et presque méprisée. Vieux et fervents républicains, il leur semblait que c'était une dérision pour la démocratie, presque une honte pour eux-mêmes, de consacrer par le vote qu'on leur demandait, ce qui n'était à leur sentiment qu'une apparence de République. C'est qu'ils avaient rêvé, pour cette République, une porte d'entrée autrement large, une apparition de son auréole autrement glorieuse et lumineuse.

Assurément, si le régime républicain avait pu s'implanter par l'éclat des services de ses défenseurs ; s'il eût sauvé le prestige du drapeau, en faisant tout au moins reculer l'envahisseur, assurément ce modeste début n'aurait pu lui convenir : l'acclamation à la République fût sortie des entrailles de la nation même, et la première Assemblée convoquée n'eût pas vu sa majorité formée par les partisans de la monarchie.

Parce qu'il n'en a pas été de la sorte, parce qu'une dictature malheureuse a complété le désastre amené par le Césarisme, il a fallu en rabattre, et se résigner à voir naître la République, non comme une Minerve sortie radieuse du cerveau de la Démocratie, mais comme un enfant venu au monde au milieu des cris de douleur de sa mère et dans la condition la moins avantageuse.

Depuis cette époque, le parti républicain n'avait pas entendu ses plus anciens et plus éloquents défenseurs témoigner leurs regrets d'avoir accepté, tout d'abord et uniquement, le principe du régime, ou bien se repentir de cette concession faite à l'irrésistible force des choses. Joignant plutôt tout leur effort à celui que l'on tentait d'accomplir afin de consolider, on les a vus travailler de concert à l'œuvre commune.

Toutefois, cette sagesse était si rare, qu'on la pouvait tenir pour forcée, et qu'on avait à redouter de la voir disparaître. C'est ce qui n'a pas manqué de se produire.

Après avoir semblé renoncer à l'intransigeance, apprécier tout spécialement les avantages de la doctrine opportuniste, nous les voyons retourner vers l'une avec amour, et se séparer franchement de l'autre. Les questions irritantes sont abordées par l'extrême gauche avec une animation passionnée; on prévoit dès maintenant que tout ce qui sera de nature à porter l'agitation dans le pays, au lieu d'être évité par eux, sera tout au contraire apporté sur le tapis avec une insistance énergique, pour être constamment rappelé, soutenu, développé, de manière à fatiguer ou provoquer tout le monde, sauf le troupeau radical des électeurs.

Cet état de choses, qui n'existe à présent qu'en germe, est destiné à se développer, et peut-être plus rapidement qu'on ne pense. Il faut donc envisager cette éventualité, se préparer sans colère, et surtout sans frayeur, à résister

de pied ferme aux menaces d'agitation sociale qui devront
forcément en résulter.

La situation que l'intransigeance apporte, et qu'à tout
prendre et bien considérer, il était inévitable qu'elle ap-
portât, cette situation préoccupe à juste titre les républicains modérés, qui, sans s'effrayer de l'avenir, ne
peuvent être satisfaits des difficultés qu'on leur occasionne
dans le présent, et qui se trouvent en présence d'un devoir
à l'accomplissement duquel ils auront à se résoudre.

Elle leur crée tout d'abord une position délicate, en les
obligeant à se séparer bientôt d'un certain nombre
d'hommes, avec lesquels ils marchaient hier, de par la
nécessité politique; avec lesquels ils marcheraient demain,
si les circonstances le voulaient, si la République était de
nouveau menacée dans son existence.

Le cas n'étant pas à prévoir pour le moment, la République se trouvant consolidée par les fautes mêmes de ses
ennemis, et surtout par la volonté du Corps électoral,
l'union des fractions de la majorité de ce Corps a cessé
d'être une condition essentielle de vie et de durée pour le
régime établi.

La raison d'être de leur union, c'était la conquête de la
République. Cette œuvre difficile enfin terminée par la
victoire éclatante du 5 janvier, il ne s'agit plus que de
conserver la conquête par l'application d'un régime quel-
conque. Chacun des groupes du parti républicain ayant à
cet égard son idéal, il est logique et naturel que chacun
des groupes reprenne désormais toute sa liberté d'action,
afin de manœuvrer dans le sens qu'il croira le plus favorable au bien même de la République, ainsi qu'à l'intérêt du
pays.

Malheureusement, les républicains les plus modérés ne
comptent pas en nombre suffisant dans la seconde chambre.

En même temps que leur influence paraît décroître dans le pays, leur crédit s'use dans le parlement. Hier, on les écoutait avec sympathie, nous pourrions dire avec déférence. Aujourd'hui, l'on se borne à les supporter, et, par politesse, on leur accorde encore attention. Demain, on ne les écoutera pas plus qu'on ne les regardera.

Il existe une cause de ce discrédit, laquelle est des plus graves, mais ce n'est pas ici le moment d'y venir. Limitons-nous à dire que la situation qui les attend va les conduire à regarder ailleurs, à chercher si le grand événement du 5 janvier, lequel, en définitive, doit avoir ouvert ou dessillé bien des yeux, n'a pas constitué un peu partout des hommes de bon sens et de bon vouloir, qui recevront d'eux et leur apporteront en même temps une force qui manque à tous. Alors, mais alors seulement, il sera possible de constituer un parti de gouvernement et de paix sociale.

Républicains, presque tous les hommes du centre gauche, et même quelques-uns de la gauche, le sont devenus, qui ne l'étaient pas auparavant, de la même façon que d'autres, en assez grand nombre, sont appelés à le devenir, qui ne le sont pas maintenant. Il n'en coûte pas d'ailleurs de reconnaître que, parmi les vraies intelligences qui se sont ralliées à l'ordre de choses actuel, il en est peu qui s'y soient décidées sans répugnance, ou du moins sans hésitations.

Il est possible, il est même certain que presque tous les jeunes gens, éblouis par la magie du nom de la République française, sont attirés vers ce régime avec une ardeur, qu'expliquent leur âge et leur défaut de réflexion sur les événements du passé. Vienne un coup de surprise ou de force, on les verrait tous prêts à le défendre par les armes, avec autant de résolution que s'il s'agissait de défendre le pays même. Il est presque sûr également que ceux qui sont dans l'armée, ne leur opposeraient qu'une faible résistance.

Mais les hommes, plus avancés déjà dans la vie, qui ont eu le temps d'étudier les faits acquis à l'histoire ; qui ne peuvent oublier que les deux Républiques établies en France ont tourné mal et fini de même ; qui, de plus, savent très-bien que la valeur d'une forme de gouvernement se détermine, avant et par-dessus tout, par celle des hommes qui s'y attachent et qui la servent, ceux-là n'ont pu venir à la troisième République avec un empressement bien marqué.

Pareils, dans l'ordre politique, à ceux qui ayant fait, dans les choses de l'amour, la complète expérience des femmes ; qui ont appris à leurs dépens que l'attachement dicté par la raison l'emporte de beaucoup sur celui des inclinations irréfléchies, ils ne se sont portés vers la République, ni par goût naturel, ni par penchant spontané, mais bien parce qu'il est nécessaire d'arrêter un choix, et qu'on ne peut guère mieux se décider que selon l'expérience des temps et la disposition des conjonctures.

C'est avec cette froideur de sentiments qu'ils attendent, à l'effet de juger l'arbre, les fruits qui doivent le couvrir. C'est avec cette raison sereine, cette force que donne à l'esprit l'expérience du passé, qu'ils sont disposés à lutter de pied ferme, et contre l'intransigeance radicale, et contre le césarisme républicain. C'est dans la conviction qu'ils travaillent pour la tranquillité de l'état social, qu'ils vont dès maintenant combattre des excès de liberté, dont le résultat serait de perdre un terrain conquis avec tant de peine, ou de préparer la décadence de la République, en la faisant de nouveau choir dans les mains d'un dictateur.

A notre sentiment, ce serait bien assez, pour cette année 1879, d'accuser au bilan du parti républicain la faute commise, qui a été la démission provoquée du précédent chef de l'État.

Nous savons avec tous qu'on lui doit imputer bien des torts envers la France politique, surtout une singulière et l'on pourrait dire, une cruelle ignorance de l'esprit de son époque. Mais nul ne méconnaîtra qu'il s'est conduit en adversaire honnête ainsi qu'en galant homme, et que le vaincu du 14 octobre avait fini par accepter sa défaite avec la résignation la plus honorable. Il eût donc été sage, nous oserions dire équitable, de ne lui susciter aucun motif de se retirer, avant les sept ans fixés par la loi constitutionnelle.

.Le malheur a voulu, qu'il y ait eu quelque part un acteur en renom, assez pressé de s'attribuer un grand premier rôle. On ne peut bien trouver à redire à cela, sinon qu'il est fâcheux et inquiétant de voir un homme d'État préparer un beau jour un coup parlementaire, autant pour se soustraire aux difficultés de sa situation personnelle, que pour monter à l'une des places rendues vacantes, afin d'y mieux préparer sa domination future.

Ses amis et ses journaux répondront : qu'il y avait opportunisme à procéder ainsi, et que nul mieux que lui n'est imprégné de cette doctrine. Ils ajouteront : que les résistances opposées à l'établissement de l'ordre politique défendu par lui depuis huit années, avec une énergie constante, avec une habileté singulière, avec la force d'une parole, parfois déclamatoire et peu mesurée, mais très souvent nerveuse, précise et vraiment éloquente, l'appelaient à profiter un jour, et tout personnellement, du triomphe de son opinion politique.

Il y a cependant des hommes qui ne sont pas d'avis que

la théorie de l'opportunisme ait vraiment besoin, pour être comprise, de l'interprétation de ce célèbre acteur ou de la réplique de ses organes de presse ; qui conservent par conséquent le droit de se mouvoir dans une atmosphère de libre-pensée politique. Ces hommes ont également le droit, dont ils usent, de porter leur appréciation sur cette manœuvre, et de déclarer qu'ils sont loin de la trouver opportune et venue en son temps. N'est-ce pas elle qui nous vaut aujourd'hui toutes ces discussions irritantes et fatigantes, sur l'amnistie, sur le retour à Paris, sur la mise en accusation des ministres du 16 mai, etc., etc., discussions soulevées, les deux premières prématurément, et la dernière, des plus inutilement ? N'est-ce pas à elle aussi qu'il faut rapporter la chute d'un ministre qui n'a péché (chose à inscrire pour sa rareté dans nos annales politiques) que par la droiture de ses intentions ?

Cette théorie de l'Opportunisme, très-ingénieuse, à vraiment dire, n'est pas autre chose en définitive que la théorie de l'Évolution scientifique, changée de base et appliquée à la marche des affaires d'un pays. Or, celle-ci, tout écrivain désireux de compléter son instruction personnelle, est aujourd'hui tenu de la connaître. Toutefois, quand il la possède assez pour en pouvoir tirer les applications, il n'a pas besoin d'être dénommé tribun, pour être en droit de s'ériger à son tour en opportuniste.

L'opportuniste de ce genre, quand on ne peut lui reprocher une origine radicale, quand sa notoriété n'est pas venue d'abord du tapage des clubs, demeure toujours assez maître de ses mouvements. C'est pour ce motif, qu'il est libre de se retourner vers ceux qui marchent après lui ; qu'il ne craint pas de s'aventurer en dehors de son parti, afin de se porter vers les autres. Il sait bien que ces regards et ces appels jetés en arrière sont justifiés à tout égard, aux époques de caractère incertain ou transitionnel.

S'il oppose de plus, à l'habileté presque universellement reconnue d'un adversaire, le caractère de ce qui est juste et la notion de ce qui est vrai ; s'il cherche à s'éclairer de la science acquise, ainsi qu'à se soutenir par la sincérité du sentiment, il arrivera que son action s'établira sur l'opinion publique, et lui permettra de servir utilement le pays.

Concentrer en son cerveau l'infaillibilité politique, et la décorer du nom de l'Opportunisme ; avertir ses amis ou les faire avertir : que l'on est prêt à leur retirer sa faveur et son tout-puissant appui, même à se séparer d'eux, s'ils ont l'imprudence ou la témérité de manifester des tendances, condamnées par cette infaillibilité, ne rentrant pas dans les vues de cet opportunisme, cela peut réussir avec les hommes jeunes ou mûrs, qui, le visage tourné vers le soleil levant, deviendront les adorateurs de l'astre, aussitôt qu'ayant pris sa course à travers le ciel, il les enveloppera de rayons tutélaires.

Pour nous, qui ne nous inquiétons pas de sa faveur ou de sa défaveur, qui n'ayant pas pris souci d'adorer Sylla, ne nous sentons pas d'humeur à nous prosterner devant Pompée, nous n'avons pas besoin de nous enquérir si nous nous maintenons, ou non, dans l'infaillible voie d'un prétendu pontife de l'opportunisme.

L'Opportunisme de l'autre école, en raison même de son caractère opposé, sera tout naturellement utilisé, pour défendre le terrain de la politique contre toute invasion nouvelle de Césarisme. Quelle que soit l'occurrence, sous quelque aspect que s'annoncent ou se présentent les périls sociaux, il se manifestera, pour empêcher que l'on songe à se placer jamais sous la garde d'un sauveur ; que l'on s'occupe de rechercher une main, assez vigoureuse pour mettre la canaille à l'ordre, mais capable en échange d'établir sa domination sur les esprits intelligents et les cœurs honnêtes.

Ses tenants et défenseurs emploieront tous les efforts, afin d'empêcher leurs concitoyens, sous raison d'échapper aux menaces du présent, de prendre l'alarme et d'abdiquer leur indépendance; de confier leur avenir aux soins du César, que l'on pouvait tout de même se résigner à subir dans le temps passé, alors qu'on montrait ou voyait en lui l'Élu du destin, l'Envoyé de la Providence.

Nous savons aujourd'hui qu'il n'y a jamais eu d'hommes de ce genre, que tout se ramène ou se réduit à l'Évolution, que nous n'avons à compter seulement qu'avec les hommes nécessaires à sa marche. Ceux-ci mêmes ont pris soin de nous inviter à bien être persuadés : que le monde était dans l'erreur et que Dieu, au cas fort improbable de son existence, n'a rien absolument à démêler avec eux ; que par conséquent, le cours des choses de la terre est uniquement soumis à la marche des temps ainsi qu'à la passion des hommes, au lieu de relever, ainsi que le soutient la mauvaise foi du prêtre, et que l'admet la superstition de ceux qui l'écoutent, d'une Volonté gouvernant des fonds de l'invisible, et d'une Raison créatrice enveloppée des voiles de son éternité.

Le résultat premier de cette exhortation, est de faciliter singulièrement la tâche à leur égard, en débarrassant les croyants de tout scrupule de conscience, en permettant à leur esprit d'user pendant la lutte de toute la liberté d'action nécessaire. Puisqu'il vous plaît, messieurs, de mépriser la conception providentielle, et de vous mettre en dehors de l'action divine, vous ne trouverez pas en nous des gens assez naïfs, pour vous considérer comme relevant de l'une et comme suscités par l'autre. Ne pensez pas que nous vous tiendrons jamais pour des êtres opportuns à la marche de l'humanité, vous, qui n'avez apparu que pour exercer sur elle une action si déplorable et si funeste ! Quand vous nous parlerez de votre sentiment conservateur, après avoir anéanti, le sourire aux lèvres, ce qu'il importait de garder pour la tranquillité de l'âme humaine, nous hausserons les épaules en vous indiquant cette âme, libre désormais comme vous le voulez, mais désolée, mais désespérée et maudissant, non plus Dieu et son Église, mais les étreintes de fer de votre état social, accusant les hommes et blasphémant contre toutes choses, contre votre œuvre davantage encore. Ce sera là pour vous, ou plutôt pour ceux qui la reprendront après vous, ce sera l'expiation première.

III

L'ensemble des considérations qui précèdent, nous a conduit à cette conclusion, qu'il est nécessaire de réunir en un faisceau, par un accord plus ou moins étroit, mais réel, de ses organes de presse, ainsi que de ses groupes dans la Chambre et surtout dans le Sénat, les forces éparses du parti qui veut maintenir la paix intérieure et l'équilibre entre les vraies forces nationales, assurer le respect des personnes ainsi que celui des consciences.

Tout ne dépend pas, comme on a le tort de l'affirmer

souvent, de la seule forme du gouvernement. Ni le maintien de la République, ni l'avènement de tout autre régime, implanté ou non de force, n'est de nature à conserver ces biens, indispensables à l'assise de l'État social. Ce qui est nécessaire dans ce but, c'est un accord entre les hommes d'opinion semblable ou différente, qui, placés au milieu des passions et des appétits matériels des gens de parti extrême, conservent assez de fermeté de cœur et de caractère, pour se rappeler que la patrie ou que la conscience religieuse représente un intérêt supérieur à tout cela.

Nous n'avons qualité aucune, pour parler au nom d'un parti, ni même en celui d'une fraction de parti. Mais nous sommes assuré que notre opinion ne diffère pas de l'opinion de nombre de gens sensés ; que ce que nous pensons, ils le pensent ; que ce que nous redoutons, des républicains sincères le redoutent ; que ce que nous disons et dirons, les uns et les autres estiment qu'il est ou qu'il sera nécessaire de le dire. Et puisqu'il en est ainsi, autant vaut que cela vienne à présent que plus tard.

Pour obtenir le résultat que nous indiquons, ce groupement nouveau devra comprendre, non-seulement un assez grand nombre d'hommes du parti républicain, mais encore et surtout un assez grand nombre d'hommes des anciens partis. Il faut donc que ceux-ci, au lieu de lutter contre les vents contraires, de vouloir quand même atteindre un de leurs ports favoris, se décident, en s'inspirant du conseil de l'illustre Romain auquel nous empruntons notre épigraphe, à naviguer vers un autre port, tout aussi sûr et favorable. A cette heure présente et pour tout le monde, c'est celui de la République.

Mais plus que jamais, à cause de cela, nous tenons pour indispensable d'ouvrir la porte au lieu de la fermer ; d'accueillir ceux qui se présenteront, et dont l'honorabilité ne fera pas doute, sans leur demander ni quel drapeau ils portaient, ni quelle idée ils avaient hier du régime auquel ils viendraient aujourd'hui.

Nous savons bien que l'on a dit, dans un discours resté fameux, et propagé par quelques cents mille exemplaires : « Être républicains sous la République, ce n'est pas un titre à faire valoir. » Mais en vérité, nous ne saisissons pas bien cela.

Voulez-vous affirmer par là qu'il vous agrée de voir, au régime existant, des ennemis irréconciliables, qui vous rendront constamment nécessaire au premier rang de la défense? Estimez-vous que la France est à tous, mais la République à vous, bien à vous, rien qu'à vous ; autrement dit, que dans votre plan de gouvernement, tous auront les charges et les devoirs, vous les postes d'honneur et le pouvoir ?

Quelque chose d'analogue a été consommé par vous, sur la fin de l'année 1870. Vous n'avez pas pu l'oublier, et quelques-uns parmi nous s'en souviennent.

Nous avons ainsi le droit de penser, de déclarer que la République, entièrement en dehors des anciens partis, qui renferment une grande part des forces vitales de la France, en dehors des républicains non rangés sous votre bannière personnelle d'opportunisme; en dehors enfin de tout ce qui n'est pas vous-même et vos amis, ce sera bien la République, mais la République ou la dictature encore une fois appelée de votre nom, ce ne sera pas la République française.

C'est cette dernière que l'on veut, que réclament, dans notre parti, nombre des intelligents et des meilleurs, si difficile d'ailleurs que paraît la possibilité de l'établir. C'est à elle uniquement qu'ils se sont ralliés, c'est à son développement qu'ils travaillent, c'est à son acceptation

définitive qu'ils jugent bon de convier tous les Français.
Ce n'est pas, à vrai dire, une besogne facile ; ils ont eu
l'occasion de s'en apercevoir.

Laissez-nous donc vous l'annoncer : le jour où vous pous-
serez à l'exclusivisme, et vous êtes enclin à suivre cette
voie, vous aurez rencontré une responsabilité dont vous
vous déchargez sur d'autres en ce moment. Le jour où
vous aurez écarté tous les hommes qui ne pensent pas
comme vous, vous trouverez des difficultés, que vous ne
pourrez plus esquiver par un habile changement de position. Vous les verrez surgir autour de vous, et telles en
leur nature, que vous succomberez en cherchant à les sur-
monter, ou que vous serez obligé de soutenir votre exclusivisme, en ayant recours aux moyens despotiques. Mais
vous ne trouverez tout au plus, pour vous y aider, que ces
fameux amis d'autrefois qui vous pèsent, mais qui vous
tiennent, et que vous n'osez ni n'oserez quitter.

Ce sont toutes ces péripéties, ce sont les exploits du ra-
dicalisme ou les hauts faits du césarisme, que les hommes
jusqu'ici dénommés conservateurs ont sujet de redouter,
pour l'empêchement desquels ils doivent se transformer
en défenseurs de la liberté nationale.

C'est un malheur bien grand pour un pays, d'en arriver
à se diviser en partis extrêmes, laissés comme un héritage
fatal par tous les régimes tombés. Mais s'il est vrai que la
République est le gouvernement qui divise le moins, c'est
évidemment parce qu'elle doit être dirigée de manière à
ce que, tôt ou tard, ces partis sentent la nécessité de ren-
trer insensiblement et de s'absorber dans son sein.

Il faut donc que, conformément à la théorie de l'Évolution, qui semble servir de règle à ses chefs les plus mar-
quants, elle obéisse à des lois de retour, autrement dit
qu'elle emprunte au passé, pour le profit du présent et la

sécurité de l'avenir, ce qui a constitué dans ce passé la gloire et la force de la nation. Il faut en résumé qu'elle devienne ou soit de fait, et non pas uniquement de nom, la forme qui réunisse et représente la plus grande somme d'intérêts, la vraie République française.

Et elle ne deviendra pas cette République, elle ne représentera pas un gouvernement au caractère avant tout national, si elle s'annonce ou s'affirme avec une allure césarienne ou radicale.

Assurément, ce serait pécher contre la raison, que de considérer le pays comme allant à tous les abîmes, le jour où l'on verrait se former un ministère, exclusivement composé d'hommes de l'Union républicaine et de l'extrême gauche. Mais on demeure dans le vrai, si l'on estime que ce ministère serait, de tous les gouvernements, celui qui donnerait le moins de satisfactions au véritable esprit français.

On peut se rassurer pleinement, sa durée ne serait pas longue. Plus que tout autre, il serait le gouvernement d'une coterie de parti ; pour ce motif, et sans qu'on ait à déployer contre lui bien grand effort, on le verrait bientôt périr. Toutefois, parce que son passage aux affaires serait peut-être marqué par une sérieuse tentative contre quelque base de l'ordre social, il y a là une éventualité, qu'il sera plus sage de prévenir que de voir venir.

Que ceux-là donc, et quels qu'ils soient d'opinion ou d'origine conservatrice, qui se trouvent ou se trouveront commis au soin de veiller à son salut, s'inquiètent avant tout, non des intérêts de leur cause, importants et respectables sans doute, mais des intérêts supérieurs, et plus respectables encore de leur pays ! Qu'ils ne s'effraient pas à la vue des dangers qui s'approchent, mais qu'ils s'entourent, pour les conjurer, de tout ce qui pourra s'ajouter à leur force particulière. Qu'ils prêtent l'oreille à la voix, non de la passion qui a perdu et qui perdra de belles causes, mais du bon sens avec lequel on sauve et l'on assure toutes les situations ! Qu'ils jettent, sans renier aucun de leurs sentiments d'autrefois, les fondements du grand et beau parti national, qui se formera autour de la bannière où l'on inscrira ces deux noms, plus que jamais inséparables l'un de l'autre : Dieu et Patrie !

Paris. — Imp. Charles Blot, rue Bleue, 7.